모차르트

일러두기

1. 이 시리즈는 영국 Franklin Watts 출판사의 「Famous People Famous Lives」 시리즈를 기반으로 국내 창작물을 덧붙인 초등학교 저학년 대상의 인물 이야기입니다.
2. 초등학교 저학년이 이해하기 힘든 사건이나 사실들은 편집부에서 설명을 덧붙였습니다.
3. 사람 이름이나 지역 이름 등 외국에서 들어온 말은 국립 국어원의 외래어 표기법을 따랐습니다.

Famous People Famous Lives
WOLFGANG AMADEUS MOZART
by Harriet Castor and illustrated by Peter Kent

Text Copyright ⓒ 1997 by Harriet Castort
Illustrations Copyright ⓒ 1997 by Peter Kent
All rights reserved.

Korean Translation Copyright ⓒ 2009 by BIR Publishing Co., Ltd.
Korean translation edition is published by arrangement with Franklin Watts,
a division of the Watts Publishing Group Ltd. through Imprima Korea Agency.

이 책의 한국어판 저작권은 Imprima Korea Agency를 통해 저작권사와 독점 계약한 **(주)비룡소**에 있습니다.
저작권법에 의해 한국 내에서 보호를 받는 저작물이므로 무단 전재와 무단 복제를 금합니다.

모차르트

해리엇 캐스터 글 피터 켄트 그림 이민아 옮김

비룡소

볼프강 아마데우스 모차르트는 1756년, 오스트리아 잘츠부르크의 음악가 집안에서 태어났어요.

모차르트의 아버지는 궁정 관현악단(궁정에서 여러 악기로 관현악을 연주하는 단체)의 바이올린 연주자이자 뛰어난 작곡가였어요. 누나 나네를도 어렸을 때부터 하프시코드(작은 그랜드 피아노처럼 생긴 건반 악기)를 연주했지요.

모차르트도 어릴 때부터 음악적 재능이 뛰어났어요. 네 살 때, 모차르트는 나네를 누나가 오랫동안 연습한 곡을 단번에 하프시코드로 연주했어요. 또 다섯 살 때는 짧지만 아름다운 곡을 혼자서 작곡했지요.

　모차르트의 음악적 재능은 신이 주신 특별한 선물이었어요. 모차르트의 아버지는 아들의 재능을 잘 키워 주기 위해 밤낮으로 고민했어요.

모차르트의 재능은 끝이 없었어요. 하프시코드는 연습한 지 얼마 지나지 않아 웬만한 어른 연주자보다 더 훌륭하게 연주할 수 있게 되었어요.

오르간도 처음 연주했을 때부터 마치 오랫동안 연습한 사람처럼 잘 다루었어요. 아직 어린 모차르트는 의자에 앉으면 오르간의 페달에 발이 닿지 않아, 일어서서 연주를 해야 했지만요.

 모차르트가 바이올린을 처음 켠 날은 더욱 놀라웠어요. 모차르트는 친구들과 함께 연주하는 아버지를 보고는 바이올린을 연주하게 해 달라며 졸랐어요. 그런데 모차르트가 연주를 시작하자 모두들 깜짝 놀랐어요. 바이올린을 배운 적이 없는 모차르트가 너무나 완벽하게 연주를 했거든요!

모차르트의 아버지는 아들의 놀라운 재능을 다른 사람들에게도 알리고 싶었어요.

1762년 여섯 살이 된 모차르트는 아버지를 따라 첫 번째 연주 여행을 떠났어요.

곧 온 유럽에 음악 신동 모차르트에 대한 소문이 퍼졌어요. 모차르트는 삼 년 동안 독일, 프랑스, 영국 등지에서 음악회를 열어 뛰어난 연주를 선보였지요.

모차르트는 오스트리아의 여자 황제 마리아 테레지아 앞에서도 연주를 했어요. 황제는 모차르트의 연주 솜씨에 감동해서 멋진 옷을 선물해 주었지요.
　하지만 연주 여행이 늘 즐겁지만은 않았어요. 음악회가 끝나면 곧장 마차에 올라 며칠씩 달려야 했고, 마차 안이 춥고 불편해서 큰 병에 걸리기도 했거든요. 그래도 모차르트는 잘 참아 냈어요. 악기를 연주하고 아름다운 곡을 만들 수 있었으니까요.

저 꼬마 아이가 이 곡을 만들었다고 하던데요.

모차르트가 살던 시절 유럽에서는 음악이 아주 중요했어요. 귀족들은 모두 악기를 하나씩 배웠고, 유명한 음악가들을 집으로 초대해서 성대한 음악회를 열곤 했어요.

어떤 사람들은 자기만을 위한 관현악단을 두기도 했어요. 집에서 음악회를 열고 오페라를 보고 무도회도 즐기려고요.

하지만 음악을 사랑하는 사람들도 음악가들을 존경하지는 않았어요. 귀족들은 음악가들이 하인들과 다를 바 없다고 생각했지요.

1773년, 모차르트는 잘츠부르크 대주교의 궁정 음악가로 뽑혔어요. 훌륭한 음악가로 인정받은 셈이지요. 그런데도 모차르트는 하인들과 함께 밥을 먹어야 했어요.

음악가로서 모차르트는 점점 유명해졌어요. 그런데 잘츠부르크 대주교와는 사이가 나날이 나빠졌지요.

대주교는 늘 당당하게 자기 생각을 펼치는 데다, 틈만 나면 잘츠부르크를 떠나 연주 여행을 다니는 모차르트가 건방지다고 생각했어요.

결국 모차르트는 대주교와 크게 말다툼을 벌였어요. 대주교는 화가 단단히 나서 모차르트를 내쫓았지요.

모차르트는 잘츠부르크를 떠나 오스트리아의 수도인 빈으로 갔어요. 그리고 그곳에서 콘스탄체 베버라는 아가씨와 사랑에 빠졌지요. 1782년 8월, 두 사람은 빈에 있는 슈테판 대성당에서 결혼식을 올렸어요.

　모차르트의 아버지는 이 결혼을 못마땅하게 여겼어요. 하지만 모차르트는 아내를 무척 사랑했고, 언젠가 아버지도 자신을 이해할 거라고 믿었어요. 모차르트와 콘스탄체는 아이들을 낳고 행복하게 살았어요.

빈에서 모차르트는 눈코 뜰 새 없이 바빴어요. 낮에는 곡을 쓰거나 부잣집 자녀들에게 피아노를 가르쳤어요. 저녁이면 귀족들이 연 음악회에 가서 음악을 연주하고, 새로 작곡한 곡을 선보였지요.

　사람들은 모차르트의 음악을 좋아했어요. 모차르트가 만든 곡의 악보는 불티나게 팔려 나갔지요.
　모차르트는 돈을 모아 가족들과 함께 커다란 새 집으로 이사했어요.

모차르트에게 곡을 써 달라는 사람이 점점 많아졌어요. 모차르트는 말을 타고 가다가도, 이발소에서 머리를 만지다가도, 당구를 치다가도 작곡을 했어요. 새로운 음악이 떠오르면 어디서나 곡을 쓴 거예요.

　모차르트는 긴 곡도 아주 빨리 만들었어요. 악보도 다른 음악가들보다 빨리 썼고요. 수많은 악기들이 어우러지는 웅장한 교향곡을 닷새 만에 쓴 적도 있지요.

 그렇게 빨리 곡을 쓰는데도 모차르트의 악보에는 잘못 쓰거나 고친 부분이 잘 없었어요. 모차르트의 독특한 습관 덕분이었지요. 모차르트는 어떤 곡이든 머릿속에서 완벽하게 완성한 다음, 악보에 옮겨 적었거든요.

교향곡같이 긴 곡을 작곡하다 보면 악보가 없어지는 일이 종종 생겼어요. 하지만 모차르트는 음표 하나까지도 전부 기억하고 있어서, 악보가 없어져도 걱정할 필요가 없었어요.

모차르트가 쓴 곡들은 아주 우아하고 아름다웠어요. 하지만 친구들 사이에서 모차르트는 장난꾸러기로 유명했어요.

모차르트는 유명한 작곡가 하이든과 친했는데, 둘 다 우스꽝스러운 옷을 입고 가면무도회에 가는 것을 좋아했어요.

연주 여행을 하느라 집을 떠나 있을 때가 많았던 모차르트는 친구들과 가족에게 편지를 자주 썼어요. 그 편지에도 익살스러운 농담이 가득했지요. 모차르트는 침대가 삐거덕거릴 때까지 똥을 누겠다는 둥 별별 우스갯소리를 다 썼어요.

모차르트의 장난기는 오페라를 만들 때 특히 빛을 발했어요. 모차르트는 가볍고 경쾌한 음악과 익살스러운 노랫말, 재미난 의상, 화려한 무대로 사람들을 놀라게 했어요. 오페라 「마술 피리」에서 나오는, 깃털이 잔뜩 달린 의상도 모차르트의 아이디어였지요.

「피가로의 결혼」은 모차르트의 오페라 가운데서도 최고로 손꼽혀요. 얼마나 재미있던지 공연이 끝난 뒤에도 관객들이 집으로 돌아갈 생각을 하지 않았지요.

하지만 천하의 모차르트도 자기가 하고 싶은 음악만 할 수는 없었어요. 모차르트는 돈을 벌기 위해 사람들이 듣기 좋아하고 연주하기 쉬운 음악도 작곡해야 했지요.

　그 무렵에는 간단한 오르간 장치를 달아 음악 소리로 시간을 알려 주는 '음악 시계'가 인기를 끌었어요.
　모차르트는 음악 시계의 거칠고 끽끽거리는 소리가 정말 싫었지만, 음악 시계에 들어갈 곡을 작곡했어요. 속으로는 진짜 오르간으로 연주하는 아름다운 교회 음악을 작곡하고 싶다고 투덜거리면서요.

어느 날 모차르트의 친구가 큰 병에 걸렸어요. 작곡가인 그 친구는 약속한 시간까지 작곡을 끝내지 못하면 일자리를 잃을 참이었지요.

모차르트는 어릴 때부터 어떤 곡을 들으면 그 곡을 누가 쓰고 연주했는지 금방 알아냈어요. 사람마다 다른 작곡 방식이나 연주 방법을 흉내 내기도 잘했지요.

모차르트는 남몰래 친구 대신 곡을 완성했어요. 얼마나 잘 흉내 냈던지, 모차르트가 그 곡을 썼다는 사실을 아무도 알아차리지 못했지요.

모차르트는 여러 나라의 극장을 돌아다니면서 자기 작품을 공연했어요. 그중에서도 체코의 프라하에는 몇 번이나 갔지요.

프라하 사람들은 모차르트의 오페라를 아주 좋아했어요. 모차르트는 프라하 사람들 모두가「피가로의 결혼」에 나오는 곡을 휘파람으로 불 줄 안다고 굳게 믿었지요.

「프라하」교향곡과 오페라「돈 조반니」는 모차르트가 프라하를 위해서 쓴 곡들이에요.

모차르트는 미뉴에트(우아하고 약간 빠른 춤곡)부터 실내악(적은 인원이 모여 악기를 연주하는 합주곡), **협주곡**(하나의 악기와 관현악단이 합주하는 곡), **교향곡**(관악기와 현악기가 어우러지게 작곡된 큰 규모의 곡), **오페라**(음악에 맞춰 펼쳐지는 음악극)에 이르기까지, 여러 가지 음악을 작곡했어요. 분위기가 경쾌한 춤곡과 장중한 교회 음악, 피아노나 바이올린 연주곡과 성악곡도 썼지요. 모차르트가 만든 음악은 육백 곡이 넘어요.

　그 곡들 모두가 정말 아름다웠어요. 모차르트가 쓴 곡이라면 시간에 쫓겨 부랴부랴 작곡한 곡도 최고라는 찬사를 받았지요.

모차르트가 살던 시대의 작곡가들은 요즘의 연예인들과 비슷했어요. 최고의 인기를 누리던 작곡가도 금세 사람들의 기억에서 사라지곤 했지요.

　모차르트도 항상 누구에게나 사랑을 받았던 것은 아니에요. 오페라 「이도메네오」는 사람들이 어렵다고 좋아하지 않아서 중간에 공연을 그만둬야 했지요. 같은 음악이라도 어떤 도시에서는 성공하고 어떤 도시에서는 실패했어요. 오페라 「피가로의 결혼」은 빈에서는 반응이 좋지 않았지만, 프라하에서는 인기를 누렸지요.

"내 오페라를 취소하다니, 교양 없는 사람들 같으니라고!"

오페라
「티토 황제의 자비」
모차르트 작곡 / 넬 극장

모차르트는 오페라 「돈 조반니」가 실패한 뒤 점점 인기가 떨어졌어요. 게다가 오스트리아에 전쟁이 일어나서 귀족들이 음악에 쓰던 돈을 줄였어요. 모차르트에게 작곡을 부탁하는 사람들은 계속 줄어들었지요.

엎친 데 덮친 격으로 아내 콘스탄체가 병에 걸렸어요. 모차르트는 빚을 지기 시작했어요. 빚은 금세 눈덩이처럼 불어났고, 모차르트는 생활비를 마련하기 위해 친구들에게 도움을 청해야 했어요.

1791년, 모차르트에게 다시 한번 기회가 찾아왔어요. 모차르트가 쓴 춤곡이 인기를 얻게 된 거예요.

곡을 써 달라는 사람도 늘었어요. 모차르트는 죽은 사람의 영혼을 달래 줄 진혼곡을 작곡하게 되었어요.

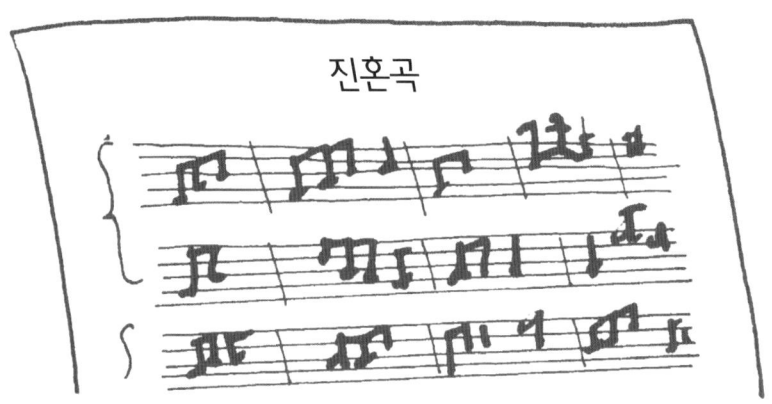

얼마 후에는 성당에 새 일자리도 얻었지요. 모차르트는 신이 났어요. 이제 빚도 갚고 자기가 좋아하는 교회 음악도 마음껏 작곡할 수 있게 되었으니까요. 그런데 갑자기 일을 많이 했기 때문일까요? 모차르트는 건강이 부쩍 나빠졌어요.

모차르트는 병으로 자리에 누워서도 작곡을 멈추지 않았어요. 진혼곡을 완성하고 싶었거든요. 병은 점점 깊어져 모차르트는 그 곡이 자기 장례식에 쓰일 음악이라고 생각하기도 했어요.

숨을 거두기 직전까지도 모차르트는 작곡을 계속했어요. 하지만 모차르트는 진혼곡을 끝내 완성하지 못했어요.

1791년 12월 5일, 모차르트는 서른다섯 살의 젊은 나이로 세상을 떠났어요. 모차르트는 묘비도 없이 성 마르크스 묘지에 묻혔어요. 시간이 한참 지난 뒤에야 사람들이 묘비와 동상을 세워 주었지요.

하지만 천재 음악가 모차르트의 이름은 음악을 사랑하는 모든 사람들의 가슴속에 숨 쉬고 있어요.
지금 이 순간에도 전 세계의 수많은 사람들이 모차르트의 음악을 듣고, 또 연주하고 있답니다.

♣ 사진으로 보는 모차르트 이야기 ♣

모차르트의 음악가 친구들

　모차르트는 첫 번째 연주 여행 동안 영국 런던에서 유명한 음악가인 요한 크리스티안 바흐를 만났어요. 모차르트와 바흐는 나이 차이가 많이 났지만, 서로를 훌륭한 음악가로 인정하고 친구로 지냈지요.

　이탈리아 볼로냐에서는 작곡가 조반니 바티스타 마르티니 신부를 만나 새로운 작곡법을 배웠어요. 마르티니 신부는 모차르트의 음악적 재능에 감탄해 대위법(두 개의 멜로디를 결합시키는 작

요한 크리스티안 바흐예요. 바로크 시대의 위대한 작곡가 요한 제바스티안 바흐의 막내아들이었지요.

곡 방식)이라는 작곡법을 가르쳐 주었지요.

빈에서 사는 동안에 모차르트는 작곡가 요제프 하이든과 친하게 지냈어요. 하이든은 모차르트가 음악적인 감각이 뛰어난 데다 음악 지식도 풍부하다며 무척 칭찬했어요. 두 사람은 같이 연주를 하는 일도 많았지요.

모차르트는 하이든의 현악 사중주(바이올린 둘, 비올라, 첼로로 하는 연주) 곡에서 영감을 얻어 '하이든 사중주' 여섯 곡을 썼어요. 그리고 그 곡들을 하이든에게 선물했지요.

독일을 대표하는 천재 작곡가 베토벤과 얽힌 일화도 있어요. 어떤 기록에 따르면 베토벤이 열네 살 때 모차르트를 찾아와 연주를 선보이고 가르침을 구했다고 해요. 베토벤이 즉흥 연주를 하자,

요제프 하이든의 모습이에요.
하이든은 교향곡을 만드는 능력이
뛰어나서 '교향곡의 아버지'라고도
불렸어요.

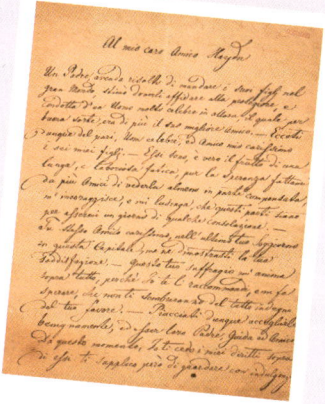

모차르트가 하이든에게 쓴 편지예요.
현악 사중주 곡을 선물하면서 함께
보낸 것이었지요.

모차르트는 위대한 음악가가 될 것이라며 베토벤을 격려해 주었다고 하지요.

모차르트와 베토벤의 만남을 그린 그림이에요. 이 만남에 대한 이야기는 정확한 기록이 없어서 오늘날 사실로 인정받지 못해요.

시스티나 성당의 악보

1770년, 모차르트는 이탈리아 여행에 중 바티칸에 들렀어요. 그레고리오 알레그리의 유명한 미사곡 「미제레레」를 감상하기 위해서였지요. 이 곡은 매년 예수의 고난을 기념하는 고난 주간에 시스티나 성당에서만 들을 수 있었는데, 한 번도 악보가 공개된 적이 없었어요. 이 곡을 밖으로 빼내는 사람은 큰 벌을 받았거든요.

그런데 곡을 기억하는 능력이 뛰어났던 모차르트는 연주가 끝나자마자 집에 돌아와 「미제레레」를 악보에 완벽하게 옮겨 적었어요. 모차르트는 이 곡이 무척 마음에 들었거든요.

모차르트가 「미제레레」의 악보를 적었다는 소문은 금세 퍼져 나가 시스티나 성당의 확인을 받게 되었어요. 물론 악보는 원래의 악보와 똑같았지요.

교황은 모차르트에게 벌을 내리기는커녕 오히려 황금 박차 훈장을 주었어요. 이 일로 천재 음악가 모차르트의 이름은 더욱 널리 알려졌지요.

바티칸에 있는 시스티나 성당은 이탈리아의 조각가이자 화가인 미켈란젤로가 그린 벽화 「최후의 심판」으로도 유명해요. 지금도 많은 사람들이 이 그림을 보기 위해 시스티나 성당을 찾지요.

새로운 건반 악기, 피아노

모차르트는 네 살 때 처음 하프시코드를 연주했어요. 하프시코드는 조그만 그랜드 피아노처럼 생겼는데, 피아노의 조상쯤 되는 건반 악기예요.

지금 우리가 알고 있는 현대적인 피아노는 18세기 초에 바르톨

로메오 크리스토포리라는 사람이 만들었어요. 하프시코드가 현(활대에 걸어서 켕기는 줄)을 뜯어서 소리를 냈다면, 피아노는 작은 망치로 현을 쳐서 소리를 내요. 그래서 피아노는 건반을 누르는 힘의 세기에 따라 소리가 여리게 나기도 하고 세게 나기도 해요. 피아노의 원래 이름인 피아노포르테의 '피아노'는 여리게, '포르테'는 세게 연주하라는 뜻이지요. 모차르트는 피아노를 좋아해서 스무 곡이 넘는 아름다운 피아노 협주곡을 작곡했어요.

모차르트가 쓰던 피아노예요. 잘츠부르크에 있는 모차르트 기념관에 전시되어 있어요.

모차르트의 편지와 암호

모차르트는 연주 여행으로 집을 떠나 있을 때가 많아서 가족들과 편지를 자주 주고받았어요. 모차르트가 쓴 편지에는 그의 밝고 명랑한 성격이 잘 드러나 있지요. 누나 나네를에게 쓴 편지 중에는 새로운 줄을 시작할 때마다 방향을 바꿔 쓴 것도 있어요. 편지를 읽으려면 편지지를 빙글빙글 돌려야 했지요.

모차르트는 다른 사람들이 편지를 열어 볼까 봐 이름 대신 암호를 쓰기도 했어요. '에이(A), 비(B), 시(C), 엠(M), 알(R) 그리고 다른 알파벳에게도 안부 전해 줘.'라는 식으로 쓰는 거예요. 암호 가운데 제일 유명한 것은 아버지에게 보내는 편지에 자주 썼던 '트라좀(Trazom)'이란 말이에요. 무슨 뜻일까요? '모차르트(Mozart)'를 거꾸로 써 보세요!

여섯 살 난 모차르트예요. 처음으로 연주 여행을 다닐 무렵에 그린 초상화이지요. 그림 속 모습처럼 장난기 어린 표정으로 가족들에게 편지를 썼을 것 같지 않나요?

함께 보면 쏙쏙 이해되는 역사

◆ 1756년
오스트리아 잘츠부르크에서 태어남.

◆ 1761년
처음으로 작곡을 함.

◆ 1762년
아버지와 함께 첫 연주 여행을 떠남.

1750

● 1750년경
중산층 사람들을 겨냥한 고전파 음악이 시작됨.

1760

◆ 1786년
오페라 「피가로의 결혼」을 처음 공연함.

◆ 1791년
진혼곡을 작곡하기 시작함.
서른다섯 살의 나이로 세상을 떠남.

1785

1790

● 1791년
요제프 하이든이 「놀람」 교향곡을 작곡함.

◆ 모차르트의 생애

● 18세기 음악의 역사

◆ 1773년
잘츠부르크 대주교의 궁정 음악가로 뽑힘.

◆ 1782년
콘스탄체 베버와 결혼함.

1770   **1780**

● 1770년
루트비히 판 베토벤이 태어남.

● 1774년경
조반니 바티스타 마르티니 신부가 대위법의 이론을 다룬 『대위법 보례집』을 펴냄.

추천사

「새싹 인물전」을 펴내면서

　요즈음 아이들에게 '훌륭한 사람'이 누구냐고 물으면 '돈 많이 버는 사람'이라고 대답한다고 합니다. 초등학생의 태반은 가수나 배우가 되고 싶어 하고요. 돈 많이 버는 사람이나 연예인이라는 직업이 나쁘다는 것이 아니라, 아이들이 각자가 갖고 있는 재능과는 상관없이 모두 똑같은 꿈을 갖는 것 같아 걱정입니다. 또 한편으로는 아이들이 진정 마음으로 닮고 싶은 사람에 대한 정보가 부족한 것은 아닌가 하는 생각도 듭니다.

　어릴수록 위인 이야기의 힘은 큽니다. 아직 어리고 조그마한 아이들은 자신이 보잘것없다고 생각하고 위인들의 성공에 감탄합니다. 하지만 그네들에게는 끝없이 열린 미래가 있습니다. 신화처럼 빛나는 위인들의 모습은 아이들에게 훌륭한 역할 모델이 되고, 그런 삶을 살기 위해 무엇을 어떻게 해야 할지를 알려 주는 밝은 등대가 됩니다.

　그렇다면 우리가 어른으로서 아이들에게 권해야 할 위인전은 무엇일까요? 보통 우리가 생각하는 '위인'은 훌륭한 업적을 남긴

위대한 사람, 멋지고 능력 있는 사람입니다. 하지만 시대가 변했으니 아이들이 역할 모델로 삼을 수 있는 위인의 정의나 기준도 변해야 할 것입니다.

그런 의미에서 비룡소의 「새싹 인물전」은 종래의 위인전과는 다른 점이 많습니다. 시리즈 이름이 '위인전'이 아닌 '인물전'이라는 데 주목하기 바랍니다. 「새싹 인물전」은 하늘에서 빛나는 위인을 옆자리 짝꿍의 위치로 내려놓습니다. 만화 같은 친근한 일러스트는 자칫 생소할 수 있는 옛사람들의 이야기를 일상에서 만날 수 있는 재미있는 사건처럼 보여 줍니다.

또 하나, 「새싹 인물전」에는 위인전에 단골로 등장하는 태몽이나 어린 시절의 비범한 에피소드, 위인 예정설 같은 과장이 없습니다. 사실 이런 이야기들은 현대를 사는 아이들에게는 황당하고 이해하기 힘든 일일 뿐입니다. 그보다는 천 리 길도 한 걸음부터, 큰 성공도 자잘한 일상의 인내와 성실함이 없었다면 이루어질 수 없었다는 것을 알려 주는 것이 중요합니다. 세상 사람들의 우러름을 받는 이들도 여느 아이들과 같은 시절을 겪었음을 보여 줌으로써, 아이들에게 괜한 열등감을 주지 않고 그네들의 모습을 마음속에 담을 수 있도록 해 주는 것입니다.

　덧붙여 위인전이란 그 인물이 얼마나 훌륭한 업적을 남겼는가 보여 주는 것도 중요하지만, 얼마나 참된 인간다움을 보였는가를 알려 줄 필요도 있습니다. 여기서 '인간다움'이란 기본적인 선함과 이해심, 남을 위해 봉사할 수 있는 사랑과 배려, 그리고 한 가지 목표를 설정하고 앞으로 나아갈 수 있는 의지와 용기를 말합니다. 성취라는 결과보다는 성취하기 위한 과정을 보여 주고, 사회적인 성공보다는 한 인간으로서 얼마나 자기 자신에게 철저하고 진실했는지를 보여 주는 것이 중요하다는 것입니다.

　하지만 아무리 좋은 가르침도 사랑과 따뜻함이 없으면 억누름과 상처가 될 뿐이겠지요. 「새싹 인물전」은 나의 노력과 의지에 따라 얼마든지 의미 있는 삶을 살 수 있음을 알려 줍니다. 내가 알고 있는 삶 외에도 또 다른 삶이 존재할 수 있다는 것, 꿈을 키우고 이

루어 가는 과정에서 배우고 경험하게 되는 것들의 가치, 그런 따뜻함을 담고 있는 위인전입니다. 부디 이 책이 삶의 첫발을 내딛는 아이들에게 좋은 길잡이가 되었으면 하는 바람입니다.

기획 위원

박이문(전 연세대 교수, 철학)
장영희(전 서강대 교수, 영문학)
안광복(중동고 철학 교사, 철학 박사)

● 사진 제공

48쪽, 49쪽(오른쪽), 50~53쪽_ 토픽 포토 에이전시. 49쪽(왼쪽)_ 위키피디아.

글쓴이 해리엇 캐스터

1970년 영국 케임브리지에서 태어났다. 열두 살 때 첫 책 『뚱뚱한 고양이 Fat Puss』를 썼다. 케임브리지 대학교에서 역사를 공부했고, 펭귄 출판사에서 편집자로 일했다. 지은 책으로 『안네 프랑크』, 『클레오파트라』, 『헬렌 켈러』 등이 있다.

그린이 피터 켄트

글도 쓰고 그림도 그리는 어린이 책 작가이다. 작품으로 『토머스 에디슨』, 『헨리 포드』 등이 있다.

옮긴이 이민아

이화 여자 대학교 중문과를 졸업하고 전문 번역가로 활동하고 있다. 옮긴 책으로는 『도시』, 『사이언스 코믹스 : 비행기』, 『에디 디킨스와 황당 가족의 모험 1, 2, 3』, 『나이팅게일』 등이 있다.

새싹 인물전
016

모차르트

1판 1쇄 펴냄 2009년 5월 15일 1판 13쇄 펴냄 2020년 5월 22일
2판 1쇄 펴냄 2021년 5월 28일 2판 4쇄 펴냄 2024년 4월 4일

글쓴이 해리엇 캐스터 그린이 피터 켄트 옮긴이 이민아
펴낸이 박상희 편집장 전지선 편집 이지은 디자인 박연미, 지순진
펴낸곳 (주)비룡소 출판등록 1994.3.17. (제16-849호)
주소 06027 서울시 강남구 도산대로1길 62 강남출판문화센터 4층
전화 02)515-2000 팩스 02)515-2007 홈페이지 www.bir.co.kr
제품명 어린이용 각양장 도서 제조자명 (주)비룡소 제조국명 대한민국 사용연령 3세 이상

ISBN 978-89-491-2896-2 74990
ISBN 978-89-491-2880-1 (세트)

「새싹 인물전」 시리즈

- 001 최무선 김종렬 글 이경석 그림
- 002 안네 프랑크 해리엇 캐스터 글 헬레나 오웬 그림
- 003 나운규 남찬숙 글 유승하 그림
- 004 마리 퀴리 캐런 월리스 글 닉 워드 그림
- 005 유일한 임사라 글 김홍모·임소희 그림
- 006 윈스턴 처칠 해리엇 캐스터 글 린 윌리 그림
- 007 김홍도 유타루 글 김홍모 그림
- 008 토머스 에디슨 캐런 월리스 글 피터 켄트 그림
- 009 강감찬 한정기 글 이홍기 그림
- 010 마하트마 간디 에마 피시엘 글 리처드 모건 그림
- 011 세종 대왕 김선희 글 한지선 그림
- 012 클레오파트라 해리엇 캐스터 글 리처드 모건 그림
- 013 김구 김종렬 글 이경석 그림
- 014 헨리 포드 피터 켄트 글·그림
- 015 장보고 이옥수 글 원혜진 그림
- 016 모차르트 해리엇 캐스터 글 피터 켄트 그림
- 017 선덕 여왕 남찬숙 글 한지선 그림
- 018 헬렌 켈러 해리엇 캐스터 글 닉 워드 그림
- 019 김정호 김선희 글 서영아 그림
- 020 로버트 스콧 에마 피시엘 글 데이브 맥타가트 그림
- 021 방정환 유타루 글 이경석 그림
- 022 나이팅게일 에마 피시엘 글 피터 켄트 그림
- 023 신사임당 이옥수 글 변영미 그림
- 024 안데르센 에마 피시엘 글 닉 워드 그림
- 025 김만덕 공지희 글 장차현실 그림
- 026 셰익스피어 에마 피시엘 글 마틴 렘프리 그림
- 027 안중근 남찬숙 글 곽성화 그림
- 028 카이사르 에마 피시엘 글 레슬리 뷔시커 그림
- 029 백남준 공지희 글 김수박 그림
- 030 파스퇴르 캐런 월리스 글 레슬리 뷔시커 그림
- 031 유관순 유은실 글 곽성화 그림
- 032 알렉산더 벨 에마 피시엘 글 레슬리 뷔시커 그림
- 033 윤봉길 김선희 글 김홍모·임소희 그림
- 034 루이 브라유 테사 포터 글 헬레나 오웬 그림
- 035 정약용 김은미 글 홍선주 그림
- 036 제임스 와트 니컬라 백스터 글 마틴 렘프리 그림
- 037 장영실 유타루 글 이경석 그림
- 038 마틴 루서 킹 베르나 윌킨스 글 린 윌리 그림
- 039 허준 유타루 글 이홍기 그림
- 040 라이트 형제 김종렬 글 안희건 그림
- 041 박에스더 이은정 글 곽성화 그림
- 042 주몽 김종렬 글 김홍모 그림
- 043 광개토 대왕 김종렬 글 탁영호 그림
- 044 박지원 김종광 글 백보현 그림
- 045 허난설헌 김은미 글 유승하 그림
- 046 링컨 이명랑 글 오승민 그림
- 047 정주영 남경완 글 임소희 그림
- 048 이호왕 이영서 글 김홍모 그림
- 049 어밀리아 에어하트 조경숙 글 원혜진 그림
- 050 최은희 김혜연 글 한지선 그림
- 051 주시경 이은정 글 김혜리 그림
- 052 이태영 공지희 글 민은정 그림
- 053 이순신 김종렬 글 백보현 그림
- 054 오드리 헵번 이은정 글 정진희 그림
- 055 제인 구달 유은실 글 서영아 그림
- 056 가브리엘 샤넬 김선희 글 민은정 그림
- 057 장 앙리 파브르 유타루 글 하민석 그림
- 058 정조 대왕 김종렬 글 민은정 그림
- 059 나폴레옹 보나파르트 남찬숙 글 남궁선하 그림
- 060 이종욱 이은정 글 우지현 그림

061	**박완서**	유은실 글 이윤희 그림
062	**장기려**	유타루 글 정문주 그림
063	**김대건**	전현정 글 홍선주 그림
064	**권기옥**	강정연 글 오영은 그림
065	**왕가리 마타이**	남찬숙 글 윤정미 그림
066	**전형필**	김혜연 글 한지선 그림
067	**이중섭**	김유 글 김홍모 그림
068	**그레이스 호퍼**	박주혜 글 이해정 그림
069	**석주명**	최은옥 글 이경석 그림

* 계속 출간됩니다.